LETTRE

ADRESSÉE A MM. LES MEMBRES

de la

SOCIÉTÉ DE PRÉVOYANCE DES MÉDECINS

DU DÉPARTEMENT DE L'ALLIER

PAR

LE Dr A. MAURIN

MÉDECIN-CONSULTANT A NÉRIS-LES-BAINS.

DEUXIÈME LETTRE.

> Rien ne venge mieux des mauvais jugements
> que les hommes font de notre esprit, de nos mœurs
> et de nos manières, que l'indignité et le mauvais
> caractère de ceux qu'ils approuvent.
>
> LABRUYÈRE (*Des Jugements.*)

MONTLUÇON
IMPRIMÉ CHEZ BLONDAT, GRANDE RUE, 40.
1861

LETTRE

ADRESSÉE A MM. LES MEMBRES

de la

SOCIÉTÉ DE PRÉVOYANCE DES MÉDECINS

DU DÉPARTEMENT DE L'AUBE

PAR

LE Dr A. MAURIN

MÉDECIN-CONSULTANT A SENDS-LES-BAINS

DEUXIÈME LETTRE

> Rien ne venge mieux des mépris, injustement
> que les hommes font de notre esprit, de ces mépris
> et de nos manières, que l'incivilité et le mauvais
> caractère de ceux qu'ils approuvent.
>
> LABRUYÈRE (Des Jugements).

1861

LETTRE

ADRESSÉE A MM. LES MEMBRES

de la

SOCIÉTÉ DE PRÉVOYANCE DES MÉDECINS

DU DÉPARTEMENT DE L'ALLIER

PAR

LE Dr A. MAURIN

MÉDECIN-CONSULTANT A NÉRIS-LES-BAINS.

DEUXIÈME LETTRE.

> Rien ne venge mieux des mauvais jugements que les hommes font de notre esprit, de nos mœurs et de nos manières, que l'indignité et le mauvais caractère de ceux qu'ils approuvent.
>
> LABRUYÈRE (*Des Jugements.*)

MESSIEURS ET HONORÉS CONFRÈRES,

Après m'être adressé à M. Durand-Fardel pour protester, preuves en main, contre le déni de justice dont j'ai été l'objet, je m'adresse à vous tous, à votre conscience, à votre honneur.

Je vous ai démontré, Messieurs, dans ma *Lettre adressée à M. le Président de l'Association :*

Que les statuts avaient été mal interprétés ;

Qu'un abus de pouvoir avait signalé les premiers pas de M. Durand-Fardel à la présidence ;

Qu'une préméditation et une malveillance coupables avaient présidé à cette manœuvre.

Je viens aujourd'hui vous dire : Quelle que soit la garantie que M. Durand-Fardel invoque pour protéger ses actes ; si haute que soit l'autorité qui couvre sa responsabilité, il me faut une justice, il me faut une réparation. C'est à vous qu'il appartient de la formuler.

Le onze mai, à Montluçon, cinq membres de l'Association fêtaient l'arrivée de M. le Président. L'un des convives s'adressant à M. Durand-Fardel lui dit : Pourquoi donc M. Maurin ne ferait-il pas partie de l'Association, puisqu'il est parfaitement reconnu qu'il n'a point démérité... et, puisque sa cotisation est arrivée trop tard ; il n'aurait, ce me semble, qu'à adresser une nouvelle demande avant le 20 septembre prochain.

Plusieurs voix (vivement). Mais il ne l'adressera pas !

Ces voix-là avaient raison ; je n'adresserai point de nouvelle demande, et je tiens à vous faire connaître mes motifs...

1° J'ai adressé ma cotisation en temps opportun, les dates de l'envoi et de la réception sont là pour en faire foi ;

2° L'interprétation donnée aux Statuts par **M.** Durand-Fardel a été toute personnelle, et dans un but évidemment hostile à ma cause, par conséquent, c'est un déni de justice ;

3° Le silence gardé par M. Durand-Fardel jusqu'à ce jour prouve qu'il a la conscience de ses torts, mais qu'il n'a pas le courage de les avouer et moins encore de les effacer.

Lisez, Messieurs, la lettre que M. Petit, trésorier, m'adressait en même temps qu'il me renvoyait les 25 francs de ma cotisation ;

Moulins, 18 décembre 1860.

Monsieur et honoré Confrère,

Vous avez dû recevoir, ou vous recevrez en même temps que cette lettre, un mot de M. le Président de la Société qui vous annonce le renvoi de votre mandat.

Vous le trouverez ci-inclus. Je n'ai point à discuter avec vous votre droit à faire ou à ne pas faire partie de notre Société. *Je ne fais en vous retournant votre mandat que me rendre à l'invitation de notre président.*

Agréez, etc., etc
L. PETIT.

Cette lettre n'a pas besoin de commentaires, et je remercie M. Petit d'avoir dégagé sa responsabilité personnelle dans le renvoi de mon mandat de cotisation.

Une nouvelle demande...! ce serait l'excuse du déni de justice ; ce serait la reconnaissance des calomnies et des mensonges qui ont eu pour but de me fermer l'entrée de l'association ; ce serait un acte de faiblesse et mieux encore... ce serait une lâcheté !

Voyons, M. Durand-Fardel, avez-vous pensé un instant que je me jetterais pour ainsi dire à vos genoux, dans vos bras, pour implorer votre protection ou votre indulgence !

Lorsqu'un conflit grave, indépendant de l'action de votre Société, s'est élevé entre deux confrères, — lorsqu'un calomniateur vient à vous et vous écrit des lettres odieuses, — quel rôle jouez-vous ? — Au nom de la confraternité avez-vous été vous jeter entre les adversaires ? — En homme Prudent et en Président réservé, avez-vous songé qu'une œuvre de haine était cachée derrière les lettres que vous aviez reçues ? — Non. — Vous avez de suite organisé une enquête.

Lorsque je vous demande à me justifier et à connaître les faits qui m'étaient reprochés, — m'avez-vous franchement accueilli et invité à fournir les explications que j'avais hâte de fournir ? Non —

Vous acquerrez la certitude que les lettres que vous avez dans les mains sont mensongères, diffamatoires, injurieuses, et vous vous hâtez de consulter les avocats de l'ordre, de l'association, pour savoir s'il n'y aurait pas moyen de mettre la lumière sous le boisseau... Oh ! alors, vous inventez le rôle de *muet* que ce bon M. Duché a consenti à jouer... Il est *condamné à l'amende pour refus de témoignage*, et quelque temps après vous venez lui serrer la main et dîner à sa table.

Probablement on lui votera des remerciements à la séance du 20 septembre !

Ainsi, lorsque je tiens mon adversaire écrasé sous le poids de ses propres calomnies, — quand l'heure de la lumière, de l'expiation est arrivée... que faites-vous ?—Vous torturez les statuts, vous l'abritez, vous l'arrachez aux tribunaux... Vous créez du *confidentiel*, vous abusez d'une influence qui ne vous appartient pas pour empêcher la lumière de jaillir...! Et puis... vous vous taisez ! Vous attendez que le plaignant, votre victime... demande à faire partie de l'association que vous présidez... Amère dérision ! qui prouve que, si vous êtes habile dans vos manœuvres, vous n'avez qu'un faible sentiment de la justice comme de la dignité personnelle.

Lorsqu'un pouvoir, d'autant plus sacré qu'il est tout moral et l'expression d'une pensée collective, devient un instrument de haine et d'ostracisme, il faut protester, protester toujours... L'heure sonne à la fin pour l'expiation de pareilles œuvres !

J'ai promis, Messieurs, de vous éclairer complètement sur les faits qui constituent le fond de ce scandaleux procès, car, il faut bien le dire, si mes ennemis m'attaquent dans l'ombre, seul je recherche la publicité, le grand jour... je le ferai jusqu'au bout et je vous en livrerai tous les documents, quel que soit le dégoût que j'en éprouve. Lorsqu'au début de sa carrière, on rencontre de ces esprits jaloux, qui ternissent tout ce qui les entoure, — de ces mains qui signent dans l'ombre de quoi déshonorer leurs semblables, et qui, au grand jour... ne savent que signer leur propre honte... il faut les fuir... il faut n e jamais s'abaisser à leur contact...! mais lorsqu'ils s'attaquent à nous, lorsqu'ils tournent vers notre réputation leur langue venimeuse... oh! alors, il faut sans pitié arracher le masque, quelque hideuse que soit la plaie que l'on doive découvrir.

Il est parmi vous, Messieurs, un homme qui n'a qu'une pensée, qu'un rêve, qu'il poursuit à travers toutes les phases de son existence privée ou publique, c'est de se débarrasser des confrères qui le gênent; et lorsqu'il manque de force ou de courage pour le faire lui-même, il a ses aides, intelligents, actifs, dévoués, bien placés surtout; ses aides lui obéissent aveuglément. — Il n'a qu'à désigner le gibier, la meute est prête!

Cet homme c'est le docteur Laurès!

Voyons, Messieurs, quel est cet homme... — Examinons un peu ses actes... leur moralité... ses intentions... et quelque soin qu'il mette à manœuvrer dans l'ombre, soulevons devant tous le voile dont il se couvre.

Récapitulons : je l'ai accusé devant les tribunaux :

1° *De m'avoir injurié publiquement comme maire de Néris* ;

2° *D'avoir ourdi un complot infâme contre mon honneur d'homme et de magistrat en me faisant passer pour un dénonciateur* ;

3° *D'avoir écrit à M. Durand-Fardel, en sa qualité de Président de l'Association, des lettres malveillantes* (le Jugement le dit) *mensongères* (je l'ai prouvé) *et attentatoires à mon honorabilité professionnelle.*

Après avoir trompé le monde sur ses titres et qualités (1) il a trompé M. Fournier, président du tribunal de Montluçon, et par suite l'opinion publique.

Je rends justice à M. Fournier, son silence, en face de ma brochure, rachète presque le silence qu'il avait gardé en qualité de témoin. Aujourd'hui, reconnaissant qu'il a été le jouet d'une indigne manœuvre, il raconte la vérité à qui veut la connaître... il regrette d'avoir à ce point laissé compromettre sa dignité...!

---

(1) MAIRIE DE FÈRE-EN-TARDENOIS (AISNE.)

EXTRAIT du registre de l'Etat civil de la ville de Fère-en-Tardenois pour l'année 1816.

L'AN mil huit cent seize, le vendredi vingt-neuf mars, huit heures du matin, pardevant nous Laurent LACAN, maire et officier de l'Etat civil de la ville de Fère-en-Tardenois, est comparu Monsieur LAURÈS André Balthazard, receveur des droits de l'Enregistrement et du Domaine, au bureau dudit Fère, y demeurant, lequel nous a présenté un enfant du sexe masculin né hier à neuf heures et demie du soir, de lui déclarant de son légitime mariage avec Dame Laurent Louise Ursule PIERROT son épouse, et auquel enfant ledit sieur LAURÈS déclare donner les prénoms de Charles Camille, lesquelles déclaration et présentation faites en présence des sieurs Armand Charles PUILLE propriétaire, âgé de dix-neuf ans, de Marie Louis Laurent LACAN aussi propriétaire, âgé de trente-huit ans, et de Jean Louis Gabriel PIVANT, marchand, âgé de soixante ans, tous demeurant audit Fère, lesquels après lecture faite dudit acte de naissance, ont signé avec nous et le père de l'enfant.

Signé : PIVANT, PUILLE, LACAN, LAURÈS et LACAN, *maire*.
Pour copie conforme :

Le Maire,

Le procès en police correctionnelle était indispensable ; la trame qui avait été ourdie, l'avait été depuis si longtemps et si habilement, qu'il fallait, pour la rompre, toute l'autorité d'un tribunal... Je n'ai pas hésité, je l'ai invoquée... et maintenant, Messieurs, dites-moi... que reste-t-il de ce lourd échafaudage de calomnies et de mensonges ? Il reste... des dupes et des complices, honteux du rôle qu'ils ont joué... Il reste, un homme qui n'a pas même le courage de soutenir, l'épée à la main, les forfanteries qu'il s'était permises... Jugez-en !

Après avoir publié ma lettre à M. le Président de l'Association, je devais attendre une réponse, — une demande de réparation dans les termes sinon dans le fond; rien ! — Je frappe au cœur, rien ne résonne. Enfin, pour répondre à l'opinion publique, à celle de mes amis, le dirai-je aussi, à celle de mes ennemis, deux parrains d'honneur vont trouver, à Néris, M. le docteur Laurès, pour lui demander satisfaction des griefs écartés par le tribunal.

Du témoignage de M. Aupetit-Durand, des propos débités à M. Fournier.... il n'avait point été question.... c'était pourtant là le nœud gordien du procès !

On admet *sur parole, sans pièces de conviction*, l'histoire d'un concert, racontée à plaisir par mon adversaire et on écarte la base de l'assignation qui était *la dénonciation au ministre par lettre*... De même que j'ai fait justice de cette diffamation, de même je ferai justice de cette histoire fabuleuse du concert.

Voici la dépêche que j'envoyais à cette occasion à M. le Préfet :

MONSIEUR LE PRÉFET,

En lisant vos circulaires des 10 et 11 août, j'ai été péniblement impressionné de n'avoir pu donner à la fête de Sa Majesté l'Empereur tout l'éclat qu'elle méritait. Le 1er août, je demandai au Directeur des salons de l'Etablissement de mettre à la disposition de quelques personnes qui avaient déjà prêté le concours de leur talent dans d'autres circonstances, le salon, afin d'y donner, le 15 août, un concert au profit des blessés de l'armée d'Italie. Tout était préparé et il n'y avait plus qu'à faire poser les affiches, lorsque M. le Directeur m'a brusquement retiré sa parole, prétendant qu'il avait reçu des ordres pour que ce concert n'eût pas lieu.

Des ordres ! de qui donc ? lorsqu'il s'agit d'une œuvre essentiellement patriotique ; lorsque M. le Sous-Préfet, toutes les autorités, tout le monde enfin accueillait avec faveur une pareille idée. Je n'ai pas cru un seul instant à une pareille défense de la part de l'autorité supérieure.

Aussi je n'hésite pas, Monsieur le Préfet, à vous signaler le fait comme essentiellement inconvenant envers l'autorité locale d'abord, et puis comme une dérogation à la pensée que vous exprimez si bien dans votre circulaire du 11 août.

C'est donc avec regret que nous voyons cette partie du programme remplacée par un concert au profit de M. Michiels, donné le 14, afin sans doute de paralyser l'enthousiasme du lendemain.

Agréez, Monsieur le Préfet, etc.

Signé : Dr MAURIN.
Pour copie conforme :
GENTEUR.

Où donc, dans cette dépêche, est-il question de M. le docteur Laurès ? — Y a-t-il simplement une allusion ? Rien. — A-t-on produit cette pièce de conviction à l'audience ? Point. — M. Fournier avait-il dit qu'il avait été question entre le docteur Laurès et lui de ce concert? Nullement... Et pourtant il est fait mention dans le jugement de ce concert.

Je dois des explications à mes amis comme à mes ennemis... La réputation d'un homme ne doit pas même être soupçonnée, et l'on comprendra sans peine que je publie toutes les pièces de conviction que mon adversaire n'a pas osé produire.

Il me fallait donc une satisfaction... Mes témoins la réclament... Que répond mon adversaire ?

Vous souvient-il de cette très éloquente phrase, — sonore mais compromettante — de son avocat,... la seule dont il me souvienne...? « Ce n'était pas une rixe... c'était un duel... Un duel, Monsieur, conduit à la cour d'assises et c'est bien plus honorable !... »

Vous le voyez, Messieurs, on voulait un duel... on le plaidait, on l'avait annoncé tout haut dans certaines régions officielles... et, après s'être dégagé par cette lettre jésuitique que j'ai déjà citée et que je rappelle ici :

MONSIEUR,

Il était dix heures et demie lorsque, *d'après votre proposition*, je me suis mis sur l'instant même à votre disposition, mais non pas à votre discrétion.

En pareille circonstance aucun retard n'est permis.

A partir de deux heures, je me considérerai comme libre de tout engagement.

Agréez, Monsieur, mes salutations.
Dr CAMILLE DE LAURÈS.

Une heure de l'après-midi.

On voulait me laisser la responsabilité d'un refus que je n'avais point formulé ; on voulait pouvoir se prélasser à l'Opéra, ou ailleurs, dans un semblant de courage... C'est commode, c'est habile, c'est fort bien conduit... Mais voyons un peu la fin !

Mes témoins vont donc le trouver le 21 mai, le lendemain de son arrivée à Néris.

Il prétend d'abord : *Que Néris n'est pas son domicile*, (je passe le mot à Arnal) et que j'aurais dû aller le trouver à Paris.

En second lieu : Qu'il est en fonctions, qu'il est seul à Néris, qu'il ne trouvera pas de témoins.

En troisième lieu : Qu'on pourrait attendre après la saison.

Je réponds :

D'abord, on exécute les criminels là où le crime a été commis, voilà pourquoi je vous ai demandé réparation là où mon honneur avait été attaqué.

En second lieu : Vous dites que vous ne trouverez pas de témoins. — Et ceux-là qui vous assistaient dans vos sourdes menées, ils ne sont donc pas prêts à vous assister au grand jour ? — Nous en prenons note, et nous leur demanderons quel prix vous leur avez offert pour de pareils services !....

En troisième lieu : Vous voudriez qu'on attendît après la saison. — J'accepte et de grand cœur, mais vous allez fixer une époque... une échéance !...

Après deux heures de débats, d'hésitations, de pourparlers, la déclaration suivante est signée par le docteur Laurès :

Le mardi vingt-un mai mil huit cent soixante-un, à huit heures du soir, j'ai eu l'honneur de recevoir la visite de Messieurs de La Guérenne, ancien notaire à Montluçon, et Tailhardat, banquier.

Ces Messieurs, mandataires de M. Maurin, docteur en médecine, ancien maire de Néris, avaient mission de me demander satisfaction pour les griefs que M. Maurin *prétendait* avoir à me reprocher, et ils m'annonçaient que M. Maurin se mettait à ma disposition.

J'ai insisté pour savoir quels étaient ces griefs et pour qu'ils fussent formulés d'une manière précise. Les témoins de M. Maurin m'ont déclaré qu'ils n'avaient pas à les articuler, puisque leur énumération avait été faite devant le tribunal de police correctionnelle de Montluçon à l'audience du dix novembre mil huit cent soixante, dans le procès en diffamation qui m'avait été intenté par M. Maurin. (Le jugement a été prononcé contre M. Maurin).

J'ai répondu à Messieurs de La Guérenne et Tailhardat — qu'une affaire d'honneur n'était pas possible entre M. Maurin et moi pour des motifs que je laissais le soin de produire à mes honorables amis : M. le Dr Pidoux, médecin-inspecteur des Eaux Bonnes ;

M. le Dr Tardieu, professeur agrégé à la faculté de médecine de Paris ;

M. le Dr Laborie, médecin de l'asile impérial de Vincennes ;

M. Alphonse Guerin, chirurgien des hôpitaux de Paris.

C'est avec ces Messieurs, ou bien avec deux d'entr'eux, que les témoins de M. Maurin auront à s'entendre.

Fait double à Néris le 21 mai mil huit cent soixante-un.

Dr Camille de Laurès.

N'êtes vous pas frappés comme moi, comme mes témoins, de l'ensemble de cette déclaration. — Remarquez bien le vague, l'insidieux, le venimeux de cette phrase :

« Qu'une affaire d'honneur n'était pas possible entre
» M. Maurin et moi *pour des motifs* que je laissais le soin
» de *produire* à mes honorables amis, etc., etc. »

J'accepte vos parrains, Monsieur ; il en est parmi eux dont j'ai serré la main, et c'est à vous, je le sais, qu'est due notre séparation ; je suis néanmoins bien aise de les voir franchement hostiles dans votre camp... Voyons, hâtons-nous ; quels sont *ces motifs* que des *amis* viendront *produire* après avoir fait cent lieues à votre service ?... Ils doivent être fort graves ces *motifs* !

Le 2 juin, trois de ces messieurs entrent en conférence avec mes témoins et rédigent la déclaration suivante :

« Les soussignés réunis le dimanche 2 juin 1861, à midi et
» demi, à Montluçon, au domicile de M. Tailhardat, banquier,
» certifient les faits suivants :

« Leur réunion, motivée par une provocation adressée le
» 21 mai dernier à M. de Laurès par MM. de La Guérenne et
» Tailhardat, au nom de M. Maurin, a été retardée par des
» circonstances indépendantes de la volonté de M. de Laurès
» et qui ne peuvent, en aucun cas, avoir été considérées comme
» fin de non recevoir.

« MM. les docteurs Laborie, Alphonse Guerin et Ambroise
» Tardieu, après avoir reçu de MM. de La Guérenne et Tail-
» hardat la déclaration que M. Maurin n'appuyait sa demande
» de réparation par les armes sur aucun fait postérieur au pro-
» cès qu'il a intenté au mois de novembre 1860 à M. de Laurès
» devant le tribunal correctionnel de Montluçon, ont été una-
» nimes à déclarer, *contrairement à l'opinion exprimée par*
» *MM. de La Guérenne et Tailhardat,* que : Conformément à
» tous les usages reçus en pareille matière et en raison de la
» situation qu'a faite à M. de Laurès la poursuite correction-
» nelle, aussi bien que de l'appréciation consciencieuse et com-
» plète que MM. Laborie, A. Guerin et A. Tardieu ont fait de
» cette affaire, ils considéraient toute rencontre comme abso-

» lument impossible entre M. de Laurès et M. Maurin ; et fai-
» saient défense, au nom du titre de témoins qu'ils ont ac-
» cepté, à M. de Laurès de donner suite à la provocation dont
» MM. Tailhardat et de La Guérenne ont été les interprètes.

« Fait double et signé comme l'expression exacte et fidèle
» des faits, à Montluçon le 2 juin 1860.

Pour M. Laurès : A. TARDIEU.   Pour M. Maurin : TAILHARDAT.
                A. GUERIN.   DE LA GUÉRENNE.
                LABORIE.

Les voilà donc ces motifs!.... Un instant, Messieurs.
Il est une phrase dans cette déclaration qui nous a paru
bien étrange ; c'est celle-ci : *Faisaient défense au nom
du titre de témoins qu'ils ont accepté, à M. de Laurès de
donner suite*, etc., etc.

Cette défense nous paraît bien tardive, car, Messieurs,
il y a dix jours, le docteur Laurès s'est interdit à lui-
même et a signé qu'il s'interdisait toute rencontre.

Il vous laissait seulement le soin de *produire ses motifs*,
voilà tout. — Je tiens à vous faire remarquer cette grave
différence qui constitue une situation tout exceptionnelle.
Votre défense fût-elle légitimée par les motifs, ne saurait
couvrir la.... *défaillance* du docteur Laurès.

Avec mes témoins qui ont protesté, j'en appelle. — Vos
motifs ne sont pas admissibles et vous me comprendrez,
Messieurs. — Mon argument est simple, mais il est ir-
résistible.

Pendant un an le docteur Laurès m'a fait passer, aux
yeux d'une société tout entière, pour un dénonciateur...
cela n'est plus contesté et malgré l'offre qui vous en a été
faite, (vous n'avez pas voulu interroger là-dessus MM. Four-

nier et Aupetit Durand.) **Or**, en bonne logique et en bonne loi d'honneur, on ne se bat pas avec un dénonciateur ; on lui prouve qu'il est un dénonciateur (la loi autorise de faire cette preuve,) puis on l'abandonne à l'opinion publique qui en fait justice.

Le docteur Laurès ne pouvait donc pas me provoquer, et moi je n'avais pas alors le droit de demander une réparation... Il fallait de part et d'autre des preuves... J'ai produit toutes celles qu'un honnête homme doit produire et je l'ai publiquement convaincu de manœuvres calomnieuses... Aujourd'hui, les rôles sont intervertis ; je lui demande une réparation par les armes ; elle m'est dûe.... et j'ajoute qu'elle me sera fatalement offerte... En effet, il **y** a dans votre *défense* quelque chose qui rabaisse le caractère de celui qui en est l'objet... On croirait volontiers qu'après avoir prévu la provocation avant de quitter Paris, il vous a laissé, pour les *produire* en temps opportun, ses dispositions testamentaires.... Si grave que soit votre autorité — si séduisants que soient vos ordres... il y a quelque chose de plus digne, de plus honorable, de plus gentilhomme, (puisqu'il y tient malgré les registres de l'état civil,) de plus français à vous désobéir.

Je l'espère et j'y compte !

Après avoir démontré, mes chers Collègues, ce que le docteur Laurès avait fait contre moi, il est bon d'accomplir un dernier devoir envers vous, — envers la Société, et aussi envers tous ceux qu'il a trop longtemps abusés. —On ne saurait trop étudier ce caractère et c'est par ses propres œuvres que je veux vous le faire connaître.

Le style, a dit Buffon, c'est l'homme. — Jugeons donc l'homme par le style.

Si quelqu'un avait écrit les appréciations suivantes sur un confrère et que ce quelqu'un se présentât devant vous pour être admis à faire partie de votre Association toute fraternelle ,... que feriez-vous ?

« La mort de M. Richond a ouvert la carrière à toutes les
» ambitions et surtout à toutes les intrigues... S.... surtout
» s'agite beaucoup pour retourner à Néris. Vous voyez que son
» impudence dépasse ce que l'on en connaît dans le pays. J'es-
» père qu'on le laissera mourir ignoré à P..... et qu'en tout cas
» les habitants de Néris le chasseraient à coups de fourches si
» l'on venait encore à doter le pays d'un pareil MALFAITEUR.»

Je tais les noms qui sont en toutes lettres, je respecte et je le dis tout haut, je vénère le souvenir d'un homme que le pays regrette... C'est monstrueux, c'est tout ce qu'il vous plaira... mais c'est textuel et signé *Camille de Laurès* !

M. de Talleyrand ne demandait que trois lignes de l'écriture d'un homme pour avoir le droit de dresser une potence !

Passons à un autre échantillon du style, je veux dire de l'homme.

« Vous avez parfaitement eu raison d'envoyer au diable le
» R.... — Il n'a pas le droit de vous empêcher de profi-
» ter, pour un malade, du limon qui est perdu quand on ne
» l'utilise pas. — Il faut que cet homme-là soit encore plus VIL
» QU'IL N'EN A L'AIR pour se permettre de tourmenter ainsi
» les habitants de Néris. On devrait le renvoyer avec les dé-

» serteurs de son pays qui ont pris du service pour la Turquie
» contre les Russes. »

Pensez-vous qu'après avoir écrit ces lignes d'un homme, on doive lui serrer la main, rompre avec lui le pain de l'amitié..... ces baisers-là sentent au moins ceux de l'Iscariote !

Ah ! Messieurs, comment s'étonner après cela des lettres écrites à M. Durand-Fardel, de celle qui a été écrite à ce M. Duché... qui se laisse condamner à l'amende... plutôt que de la montrer.

Ma besogne est faite... je l'abandonne à ceux qui l'ont couvert de leur responsabilité et de leur nom... il vaut mieux être la victime d'un pareil homme. C'est pour lui qu'ont été écrites les lignes suivantes de Labruyère :

« Il y a des gens d'une certaine étoffe ou d'un certain
» caractère avec qui il ne faut jamais se commettre, de
» qui l'on ne doit se plaindre que le moins qu'il est pos-
» sible et contre qui il n'est même pas permis d'avoir
» raison. »

1er Juillet 1864.

Dr **MAURIN**,
ancien maire de Néris,
Médecin consultant à Néris.

15

www.ingramcontent.com/pod-product-compliance
Lightning Source LLC
Chambersburg PA
CBHW060913050426
42453CB00010B/1706